Das Salzburg des Stefan Zweig

Text: Oliver Matuschek | Photographien: Angelika Fischer

Blick auf Salzburg
vom Kapuzinerberg

Das Salzburg des Stefan Zweig

Um es gleich zu Beginn zu sagen: Das Verhältnis Stefan Zweigs zu seiner langjährigen Wahlheimat Salzburg war nicht unkompliziert. Dennoch ist gerade diese Stadt, in der er von 1919 bis in die Mitte der 1930er Jahre seinen Wohnsitz hatte, bis heute eng mit seinem Namen verknüpft, vielleicht sogar mehr als seine Geburtsstadt Wien, in der er zuvor gelebt hatte. Schon als Zweig nach Salzburg zog, war er kein unbekannter Autor mehr gewesen, doch setzte sich seine vor dem Ersten Weltkrieg begonnene Karriere hier auf so rasante und publikumswirksame Weise fort, dass er dank hoher Auflagen und zahlreicher Übersetzungen seiner Werke zu einem der ersten Weltstars der Literatur wurde. Gäste (prominente und unbekannte, geladene und ungebetene) kamen in großer Zahl in das Haus der Zweigs auf dem Kapuzinerberg, und bald waren sein Name und sein Wohnort unauslöschlich in die literarische Landkarte seiner Zeit eingeschrieben.

Stefan Zweig auf der Terrasse seines Hauses, Sommer 1931

Stefan Zweigs Annäherung an Salzburg fand in mehreren Etappen statt. Als er sein dortiges Haus 1917 während des Ersten Weltkrieges erwarb, war noch keinesfalls klar, ob und wann er das Anwesen würde beziehen können. Als am 24. März 1919 eine kleine Reisegesellschaft mit der Bahn von Zürich in Richtung Salzburg aufbrach, war der Einzug in Salzburg endlich sicher. Im Zug fuhren Stefan Zweig, seine Lebensgefährtin und spätere Frau Friderike, der gemeinsame Freund Erwin Rieger, die beiden Töchter aus Friderikes erster Ehe und deren Gouvernante Loni Schinz. Die letzten Kriegsmonate hatte Zweig in der neutralen Schweiz verbracht, jetzt kehrte er wieder in sein Heimatland zurück. An seinen Verleger Anton Kippenberg hatte er kurz vor der Abreise geschrieben:

> Nun, wir haben geduldig gewartet, bis dieses alte Österreich unterging und ziehen im Mai oder Juni nach Salzburg, wo ein kleines

Schlössel mit wunderbarem Garten so ziemlich das darstellen wird, was von unserm einstmals beträchtlichen Vermögen übrigblieb [...]. Aber ich habe längst über Alles das [ein] Kreuz gemacht, ich weiß, wenn nur einmal Ruhe wird, komme ich schon gut durch, ein Garten und ein Haus ist schließlich Alles was ich ersehnte. [...] Ich sehne mich nur nach fünf Jahren wieder einmal in einem eigenen Zimmer und mit meinen Büchern zu sein.

Die Brüder Alfred und Stefan Zweig, Wien, um 1900

Doch dazu später mehr, zunächst soll ein Abriss der Biographie Stefan Zweigs bis zu seiner Ankunft in Salzburg folgen.

Zweig wurde am 28. November 1881 in Wien geboren. Seine Eltern, Moriz und Ida Zweig, hatten es zu einigem Wohlstand gebracht, der ihnen wenige Jahre vor Stefans Geburt den Ankauf einer Weberei im böhmischen Reichenberg erlaubt hatte, die unter der Geschäftsführung Moriz Zweigs weiter expandierte. Die Fabrik wurde vor Ort von einem Prokuristen geleitet, so dass die Familie Zweig wie zahlreiche Angehörige des gehobenen jüdischen Bürgertums eine Wohnung an der Ringstraße in Wien bewohnte. Zwei Jahre vor Stefan war sein Bruder Alfred zur Welt gekommen, dem – hier orientierte man sich ganz an den dynastischen Gepflogenheiten des Kaiserhauses – gewissermaßen als „Kronprinz" eines Tages die Leitung der Fabrik zufallen sollte. Einer der ersten Punkte dieses elterlichen Plans wurde bereits zu Kinderzeiten der beiden Brüder umgesetzt: Nach der Grundschule ging Alfred Zweig auf das Realgymnasium, während für Stefan der Besuch eines humanistischen Gymnasiums und ein anschließendes Studium der Rechtswissenschaft oder der Medizin vorgesehen war. Es scheint, als ob nicht nur die Erziehung, sondern auch die charakterlichen Unterschiede der Brüder auf ihre zukünftigen Aufgaben hindeuteten. Alfred war offenbar schon früh ein durchsetzungsfähiger Pragmatiker, Stefan hingegen weitaus empfindsamer, manchmal etwas verträumt, wenngleich dies gelegentlich seine gefürchteten Anfälle von Jähzorn nicht ausschloss. Alfred setzte die vorgesehene Laufbahn fort und wurde wegen einer Erkrankung seines Vaters sogar noch früher als ursprünglich vorgesehen in die Geschäftsleitung der Fabrik aufgenommen. Stefan dagegen hatte die Welt der Literatur, der Musik, der bildenden Kunst und der Kaffeehäuser für sich entdeckt und war bald unrettbar darin verloren.

Bei Stefan Zweig mischten sich eine vorsichtige Rebellion gegen das Elternhaus, eine weitaus größere gegen die Schule und sein früh erkennbares schriftstellerisches Talent zu einer treibenden Kraft. Dem als ausgesprochen langweilig empfundenen Lehrstoff der Schule wusste er seine Lektüre der neuesten literarischen Zeitschriften in den Kaffeehäusern entgegenzusetzen. In französischen Magazinen machte er dichterische Entdeckungen, die ihn nicht weniger beeindruckten als die eben erschienenen neuesten Werke Rainer Maria Rilkes und des jungen Hugo von Hofmannsthal. Mit seinen Mitschülern las und diskutierte er diese Werke ebenso wie die aktuellen Aufführungen in den Theatern und Opernhäusern Wiens. Eigene Schreibversuche folgten und waren von einigem Erfolg begleitet. Stefan Zweigs erster Gedichtband mit dem Titel *Silberne Saiten* wurde von der Kritik positiv aufgenommen, was allein schon wegen der Menge der seinerzeit erscheinenden Lyrik-Bände erstaunlich ist. Gleichzeitig legte er in diesen Jahren den Grundstein für eine Sammlung von Originalhandschriften berühmter Autoren, die ihm über Jahrzehnte als Inspirationsquelle diente. Während sich Zweigs Mitschüler nach dem Ende der Schulzeit anderen Themen zuwandten, stand für ihn fest, dass er auch weiterhin auf dem Gebiet der Literatur arbeiten wollte. Neben dem Studium der Germanistik und Romanistik in Wien und Berlin erprobte er sich als Lyriker, Dramatiker, Erzähler und Essayist. Vor dem Ersten Weltkrieg hatte er es auf allen Gebieten zu Erfolgen gebracht, wenngleich von diesen Werken heute kaum noch eines einem breiteren Publikum bekannt ist. Seine Bücher erschienen inzwischen beim angesehenen Insel Verlag in Leipzig, und seine Theaterstücke wurden am Burgtheater gespielt. Zweigs Reiselust hatte ihn nach Amerika und Indien geführt, alljährliche mehrmonatige Sommerreisen nach Frankreich und Belgien standen ohnehin auf dem Plan.

Der Erste Weltkrieg war in vielerlei Hinsicht eine Erschütterung für Zweigs bisheriges Leben gewesen. Zu Beginn des Krieges war er trotz aller Freundschaften zu Franzosen und Belgiern und der von allen immer wieder betonten Einheit Europas keinesfalls sicher gewesen, auf welcher Seite er stand. Seine Briefe und Tagebucheinträge aus dieser Zeit zeigen deutlich die innere und äußere Zerrissenheit. Wegen seiner schwächlichen körperlichen Konstitution war Zweig bisher vom Wehrdienst befreit worden, doch nun stand dies und alles bisher Erreichte in Frage.

Hinzu kam die private Lebenssituation, die sich alles andere als einfach gestaltete. Im Sommer 1912 hatte sich ihm eine gewisse Friderike von Winternitz aus Wien genähert. Nach dem Austausch vorsichtiger Briefe einer Leserin und eines Autors war es schnell zu einem Treffen der beiden gekommen, aus dem sich ebenso schnell eine Affäre entwickelte. Die Angelegenheit war nicht unkompliziert, denn die ein Jahr jüngere Friderike von Winternitz war verheiratet und hatte aus dieser Ehe mit einem Beamten zwei kleine Töchter. Zwar war ihre Beziehung zu Felix von Winternitz längst gescheitert, und er hatte regelmäßig Liebschaften, doch musste unter den damaligen Verhältnissen bereits die Tatsache, dass sich eine verheiratete Frau in schwärmerischem Ton schriftlich an einen unverheirateten Schriftsteller wandte, als durchaus „unschicklich" gelten, wie Friderike von Winternitz selbst in ihrem ersten Brief an Stefan Zweig anmerkte. Für ihn, der seine Unabhängigkeit immer genossen hatte und über dessen Beziehungen bis zu diesem Zeitpunkt nur bekannt ist, dass sie von kurzer oder sehr kurzer Dauer waren, warf die bald darauf drohende Planung eines wie auch immer gearteten gemeinsamen Lebens noch ganz andere Fragen auf.

Seine militärische Laufbahn begann Stefan Zweig schließlich im Kriegspressequartier in Wien, womit ihm der Einsatz an der Front weiterhin erspart blieb. Er hatte zusammen mit anderen Autoren, darunter zeitweise auch Rainer Maria Rilke, Berichte über kriegerische Ereignisse und herausragende Taten einzelner Soldaten für die heimischen Zeitungen und eigens zu diesem Zweck herausgegebene Magazine und Bücher aufzubereiten. In diesem Zusammenhang machte bald der Begriff des „Heldenfrisierens" die Runde. Trotz des ruhigen Dienstes fernab aller Kriegshandlungen fühlte sich Zweig zunehmend durch die Ereignisse belastet. Immer wieder trafen neue Nachrichten über Gefallene aus seinem näheren Umfeld ein, und sein bisheriger europäisch geprägter Freundeskreis war durch Korrespondenzverbote und Missverständnisse erheblich zusammengeschrumpft.

Außerdem verkomplizierte sich die private Situation weiter: Auch nach der Scheidung der Ehe Friderikes und Felix' von Winternitz blieb die nun schon über Jahre andauernde Beziehung Friderikes zu Stefan Zweig „unschicklich". Denn sie, die als Jüdin geboren worden war und sich später hatte taufen lassen, war katholisch verheiratet gewesen. Nach den geltenden Gesetzen des Kaiserreichs wäre eine erneute Eheschließung ihrerseits der Bigamie zuzurechnen gewesen und somit unmöglich. Eine Lösung dieses Problems stand vorerst noch nicht in Aussicht, und so lebte das Paar gemeinsam mit Friderikes Töchtern in getrennten Wohnungen und *„in wilder Ehe (die aber sehr sanft ist)"*, wie Zweig selbst anmerkte.

In der Steingasse in Salzburg

Über die gemeinsame Lebensplanung bestand wegen des Krieges weiterhin größte Unklarheit. Auch ein Ausflug nach Salzburg während einiger dienstfreier Wochen Stefan Zweigs im Herbst 1916 brachte nur für kurze Zeit ein wenig Ruhe in die allseits angespannte Situation. Das Reiseziel war so gewählt worden, dass man sich zwar weit genug von dem in vielerlei Hinsicht entnervenden Leben in Wien entfernte, andererseits in außergewöhnlichen Situationen auch schnell dorthin zurückkehren könnte. Die beiden hatten sich im *Parkhotel Nelböck* niedergelassen und erkundeten von hier aus in langen Spaziergängen die Stadt und ihre Umgebung. Außerdem versuchten beide – denn auch Friderike betätigte sich als Autorin –, an ihren Manuskripten weiterzuarbeiten. In ihrem Tagebuch notierte sie:

Es ist ganz still hier, und ich höre seinen Schritt, seine Bewegungen, wie er bei der Arbeit umherwandelnd gewohnheitsmäßig in die Hände schlägt. Blühte er hier doch auf! Wie ein böser Traum sind die Quälereien im ‚bunten Rock' jetzt von ihm abgefallen. Er braucht nichts als Ruhe, er genießt so leicht und herzlich und empfindet seine Existenz als reinen Genuß.

Auf einer ihrer gemeinsamen Erkundungstouren durch die Stadt gingen die beiden durch einen Torbogen den Kapuzinerberg hinauf, bis zu dessen letzten Ausläufern die Bebauung der Stadt heranreichte. An dem steil ansteigenden Weg folgten nur

Aufgang zum Kapuzinerberg

Am Kreuzweg zum Kloster

noch einzelne Häuser, weiter oben das Kapuzinerkloster mit Kreuzwegstationen am Wegesrand und ein gegenüber gelegenes ehemaliges Jagdschlösschen aus fürstbischöflichem Besitz. Da beide ohnehin mit Fluchtgedanken vor der beschwerlichen Wiener Welt spielten, musste der Anblick dieses Hauses – so beschreibt es Friderike in ihren Memoiren – erst recht wie ein Traumbild wirken: Das breite, gelb gestrichene Gebäude lehnte über einem großen Garten mit altem Baumbestand direkt am Berg, war offenkundig seit Längerem vernachlässigt worden und an einigen Stellen bereits von Pflanzen umwuchert. Die mehrfach abgesetzten Dächer und vorspringende Teile des Gebäudes ließen den Eindruck nur noch pittoresker werden. Wie um das sich geradezu aufdrängende Bild eines verwunschenen Traumschlösschens zu komplettieren, hatte das Haus auch noch einen kleinen Turm.

In diesen Tagen muss in Stefan Zweig und Friderike von Winternitz der Entschluss gereift sein, ein wie auch immer geartetes gemeinsames Leben in Salzburg zu planen. Bisher hatten sie unter anderem mit dem Gedanken gespielt, nach Meran zu ziehen, wo sich beide auf früheren Reisen schon oft getrennt voneinander aufgehalten hatten. Aber Salzburg war groß genug, um alle für den Alltag wichtigen Dinge zu bekommen, und lag zudem ausgesprochen verkehrsgünstig. Wien war nur wenige

Die Villa Stefan Zweigs auf dem Kapuzinerberg

Bahnstunden entfernt, München lag noch näher, und auch nach Italien oder in die Schweiz konnte man von diesem Verkehrsknoten aus bequem reisen. Und ein Leben in einer Stadt, in der es nicht in jedem Kaffeehaus von Schriftstellerkollegen oder Theaterleuten wimmelte, schien eine bedenkenswerte Alternative zu Wien zu sein. Ganz abgesehen davon hat bei Zweigs Wahl des zukünftigen Wohnortes auch der Wille eine bedeutende Rolle gespielt, sich von der eigenen Familie zu distanzieren.

Aber in wie schönen Farben sich das Bild des zukünftigen Lebens auch ausmalen ließ: Noch war auf unabsehbare Zeit Krieg, Stefan hatte seinen Militärdienst abzuleisten, und somit war vorerst nicht an eine wirkliche Veränderung der Verhältnisse zu denken. Zurück in Wien, hielt – wie von beiden befürchtet – der Alltag viel zu schnell wieder Einzug in ihr Leben. Stefan Zweig arbeitete zum geistigen Ausgleich für die täglich neu zu verfassenden Lobeshymnen auf die Armee an einem Antikriegsdrama, in dessen Mittelpunkt der biblische Prophet Jeremias stand. Freilich war nicht damit zu rechnen,

Das Haus auf dem Kapuzinerberg, um 1900

dass das Stück in diesen Zeiten seinen Weg auf eine Bühne finden würde. Doch dann kamen völlig unerwartete Nachrichten, die geradezu zum Handeln zwangen. Zum einen war es Friderike unter Mithilfe ihres früheren Schwiegervaters, eines wichtigen Hofbeamten in Wien, gelungen, Stefan Zweig für den Posten eines Kulturkorrespondenten der in Wien erscheinenden liberalen Zeitung *Neue freie Presse* ins Spiel zu bringen. Das Besondere an diesem Auftrag war die damit verbundene Aussicht auf eine Befreiung oder Beurlaubung vom Militär, denn der Dienstsitz war Zürich. Wie so oft in ihrer Beziehung war Friderike weitaus tatkräftiger gewesen und hatte ihre Bemühungen auf resolute Weise fortgesetzt. Tatsächlich bekam Stefan Zweig den Posten zugeteilt und konnte nun sogar die Hoffnung haben, seinen *Jeremias* in der Schweiz gespielt zu sehen.

Kreuzweg zum Kapuzinerkloster

Doch damit nicht genug. Vor ihrer geplanten Abreise war in einer Zeitung der Verkauf eines größeren Anwesens in Salzburg annonciert gewesen. Der Beschreibung nach konnte es sich bei dem angebotenen Herrensitz eigentlich nur um jenes Haus handeln, das ihnen bei ihrem Besuch aufgefallen war. Mit einer Vollmacht Stefan Zweigs für einen eventuellen Ankauf ausgestattet, reiste Friderike umgehend von Wien nach Salzburg. Vor Ort stellte sich heraus, dass tatsächlich genau das verwunschene Traumschloss zum Verkauf angeboten wurde. Friderike, die die Möglichkeit, eine Basis für das zukünftige Zusammenleben mit Stefan zu schaffen, noch nie in so greifbarer Nähe gesehen haben mochte, trat umgehend in Verhandlungen mit dem damaligen Besitzer ein. Was den Betrachtern vor dem Gartentor pittoresk erschienen war, stellte sich allerdings schon bei einer oberflächlichen Besichtigung als mittleres Desaster dar. Die Dächer waren an mehreren Stellen undicht, die Öfen defekt, die aus Wien längst gewöhnten Leitungen für elektrischen Strom waren nicht vorhanden. Doch war dies nur eine Herausforderung und kein Hindernis für Friderike:

Ich rief erst einmal die wenigen Nachbarn zusammen und machte mit ihnen gemeinsam behufs Beleuchtung des Weges eine Petition an die Stadtgemeinde, der stattgegeben wurde. Ich liess Sachverständige kommen und schloss schliesslich einen Vorvertrag mit einem angesehenen Baumeister ab, der sich verpflichtete, die Reparaturen innerhalb einer bestimmten Frist auszuführen. Mit Zusicherungen der Stadtgemeinde und detaillierten Kostenvoranschlägen kehrte ich nach wenigen Tagen wieder nach Wien zurück, worauf Stefan, ohne das Haus selbst besichtigt zu haben, sogleich freudig den Kauf abschloss.

Am 27. Oktober 1917 war Stefan Zweig, der das Anwesen nur einmal und von weitem gesehen hatte, neuer Eigentümer der Liegenschaft mit der Adresse Kapuzinerberg 5 in Salzburg. 90.000 Kronen seiner Ersparnisse, die vor allem aus dem Erbe der Großeltern und seinem Anteil an der Weberei der Eltern zusammengekommen waren, investierte er in beinahe 8.000 Quadratmeter Grundstück und eben jenes Haus, das zwar ein verlockender Wohnort und Arbeitsplatz hoch über der Stadt

Blick zur Festung Hohensalzburg

wäre, als solcher aber aufgrund der vorgesehenen Ausreise in die Schweiz und des andauernden Krieges zunächst in weite Ferne rückte. Wie Stefan Zweig zu diesem Zeitpunkt die Chancen einschätzte, sich jemals in Salzburg niederzulassen, ist nicht bekannt. Im Gegensatz zu Friderike, die schon weit in die Zukunft plante, hatte er beim Ankauf gewiss auch die Sicherung seines Vermögens im Blick gehabt. Wie schnell Aktien und sonstige Geldanlagen ihren Wert verlieren konnten, war seit Kriegsbeginn nur zu deutlich geworden. Der Ankauf einer Immobilie in so exponierter Lage hingegen versprach zumindest eine gewisse Sicherheit für das eigene Kapital.

Bis es endlich zu einem Einzug in das Haus kam, vergingen noch Jahre. In der Zwischenzeit hatten sich Stefan und Friderike, die schließlich auch eine Ausreisegenehmigung für ihre beiden Töchter erwirken konnte, an verschiedenen Orten der Schweiz niedergelassen. Zweig sah nach Jahren einige Freunde wieder, erlebte die umjubelte Uraufführung seines *Jeremias* und blieb bis weit über seine Dienstbefreiung hinaus in dem neutralen Land. Dann endlich, im Frühjahr 1919, begab sich die zu Anfang erwähnte Reisegesellschaft auf den Rückweg in ihre Heimat Österreich. Zweig hatte seinen Eltern bis zu diesem Zeitpunkt weder von seiner Beziehung zu Friderike von Winternitz noch von seinen nunmehr sicheren Plänen berichtet, nicht mehr nach Wien, sondern nach Salzburg zu ziehen. Er selbst sprach in diesem Zusammenhang immer wieder von *„der bitteren Salzburger Pille“*, die er seiner Familie noch zu verabreichen habe. Am Ende waren die Eltern keineswegs so ahnungslos gewesen, wie Zweig es offenbar vermutet hatte. Die Gerüchte um Friderike von Winternitz und ihn hatten in Wien längst die Runde gemacht, was bei einer Beziehung von nunmehr fast sieben Jahren nicht wirklich verwundern kann. Auch sein Umzug nach Salzburg ließ sich vor der Familie rechtfertigen. Einzig sein Bruder Alfred, der inzwischen alleiniger Geschäftsführer des Familienbetriebes war, scheint ernsthafte Bedenken gegen diese Bindung gehabt zu

Am Festspielhaus

Der Saal
in der Villa auf dem
Kapuzinerberg

haben, was vor allem in einer persönlichen Abneigung gegenüber Friderike gründete, die sie erwiderte und die beide Seiten auch in den kommenden Jahren weiter pflegten.

Nachdem diese Hindernisse überwunden waren, machte sich Friderike vor Ort umgehend daran, Baumaterial und Handwerker zu organisieren, die das Gebäude in einen bewohnbaren Zustand bringen sollten, was in der Nachkriegszeit keine einfach zu lösende Aufgabe war. In einigen Räumen im Parterre hauste noch die Gärtnerin des Vorbesitzers, deren Sohn, wie Friderike sich ausdrückte, ein *„interessantes pädagogisches Problem“* darstellte. Währenddessen organisierte der zukünftige Hausherr in Wien über Wochen den Umzug seiner Möbel und Bücher und durchstöberte den Dachboden des Elternhauses nach weiteren brauchbaren Stücken für das neue

Heim. Neben einigen Teppichen brachte er eine große bemalte Eisentruhe mit, die er zur Aufbewahrung seiner kostbaren Handschriftensammlung nutzen wollte. Seine bisherige Sekretärin, Frau Mandl, war ihm beim Umzug behilflich, doch hatte Friderike im Vorfeld nur allzu deutlich gemacht, dass die Dame in Wien zurückzubleiben habe. Offenbar plante sie, ihrem zukünftigen Mann bei der täglichen Arbeit selbst zur Seite zu stehen. Denn mit dem Ende des Krieges und der Monarchie war auch das kirchliche Gesetz für den Staat nicht mehr bindend, so dass eine Hochzeit der beiden endlich möglich schien.

Fast zwei Monate nachdem Friderike in Salzburg damit begonnen hatte, die Arbeiten am Haus von ihrem Quartier in dem von der ersten Reise her bekannten *Parkhotel Nelböck* aus zu leiten, kam Stefan Zweig zum Einzug aus Wien. Ihr Bericht über die Ankunft in seinem neuen Haus klingt beinahe triumphal:

Der Salzburger Garten quoll über in seiner wundervollen Obstblüte, als Stefan auf seinem Kapuzinerberg Einzug hielt. Er bezog für sich selbst zwei Zimmer, die auf eine riesige Terrasse gingen, und einen sehr grossen Bibliotheksraum im unteren Stockwerk, vor dem später eine grössere Registratur eingerichtet wurde, die gleichfalls mit Büchern und mit der immer wachsenden Sammlung der Autographenkataloge angefüllt war. Neben seinen Zimmern im oberen Stockwerk lag der ‚Saal', der riesige Rokokoraum mit der bilderreichen Tapete des berühmten französischen Tapetenmalers Dufour. An diesen schönen, einzigartigen Raum schloss sich mein winziger Salon mit Balkon, mein Schlafzimmer, das Badezimmer und das Kinderzimmer [an]. Es gab noch eine Mansarde, den kleinen Turm, im Parterre ein altertümlich paneeliertes Gartenzimmer mit anschliessender Waschküche und Glashaus, und eine Etage tiefer zwei Dienerzimmer neben einer riesigen Küche.

Zwar war das Haus in der ersten Zeit noch längst nicht so bequem und komfortabel, wie der Bericht glauben machen läßt, doch konnte hier, in der ruhigen Gegend oberhalb der kleinen Stadt, endlich wieder die Arbeit an den vor dem Krieg begonnenen Manuskripten aufgenommen werden – und ein wichtigeres Ziel scheint Stefan Zweig zu dieser Zeit kaum gehabt zu haben. Am Jahresende war der Ton seiner Briefe sehr hoffnungsfroh, und von Heimweh nach Wien gab es keine Spur. An die Schriftstellerkollegin Gisela von Berger schrieb Zweig wenige Tage vor Weihnachten 1919:

> Sind Sie im Sommer wieder in St. Wolfgang? Ich komme da leicht einmal hin von Salzburg, wo ich mich wunderbar wohl fühle, zutiefst selig, der verlorenen Stadt entronnen zu sein. Der Tag ist hier länger, das Leben wirklicher – alles Fühlen lebendiger.

Allerdings waren die Wintertage auch kälter als gewohnt. Die Heizprobleme waren noch nicht wirklich gelöst, und als Zweigs Lektor Fritz Adolf Hünich ihn daran erinnerte, dass er schon länger auf Angaben aus einer bestimmten Ausgabe eines Buches wartete, musste sich Zweig entschuldigen:

> Glauben Sie nicht, dass ich meinerseit[s] meine Versprechen vergessen habe, es sind nur äussere widrige Umstände, nämlich dass meine ganzen Bücher in einem grossen Saale sich befinden, der im Winter selbstverständlich nicht geheizt ist und ich entschliesse mich immer nur für Minuten in diese Eisgrube aus meinem warmen Zimmer herabzusteigen und habe infolgedessen noch nicht gründlich Nachschau halten können.

Am Herbert-von-Karajan-Platz

Die Arbeitsaufteilung des Paares war klar und wurde über Jahre beibehalten. So lag der Kampf gegen immer noch undichte Dächer und schlecht beheizbare Räume auch zukünftig in Friderikes Händen. Wurde es dem Herrn des Hauses auf dem Kapuzinerberg zu kalt, zu laut oder zu bunt, so hatte er in kürzester Zeit seinen Koffer gepackt, Salzburg den Rücken gekehrt und Friderike die Lösung aller praktischen Probleme überlassen. Einerseits konnte sie auf diese Weise immer wieder ihr organisatorisches Talent einsetzen und dabei großes Geschick beweisen, andererseits sah sie sich langfristig in ihrem Beruf als Schriftstellerin deutlich zurückgedrängt. Zunächst allerdings beteuerte sie immer wieder, wie gern sie all diese Aufgaben erledigte. Schließlich setzte sich Stefan sogar mit dem Wunsch nach Einstellung einer neuen Sekretärin durch. Auf diese Weise war Friderike entlastet und konnte sich mehr um ihre beiden Kinder und ihre eigenen Manuskripte kümmern. Die Abgabe dieser „hoheitlichen" Aufgaben war gewiss nicht leicht für sie gewesen.

Friderike und Stefan Zweig, 1926

Anna Meingast, die Zweig schließlich aus der Reihe der Bewerberinnen auswählte, wohnte nicht weit von seiner Villa entfernt in der Linzer Gasse am Fuße des Kapuzinerbergs. Ihre Dienststunden wurden auf den Nachmittag gelegt; denn am Vormittag schrieb Zweig – oft im Bett – an seinen neuesten Werken. Erst nach dem Mittagessen waren dann ein paar Stunden für Diktate, Korrekturen und die ausufernde Korrespondenz reserviert. Außer der Sekretärin gab es zeitweise ein Kindermädchen, eine Köchin und schließlich noch einen „Herrschaftsdiener", wie Friderike seine Berufsbezeichnung in einem Meldebogen angab. Dem Sicherheitsbedürfnis in dem abgelegenen Haus wurde dadurch Rechnung getragen, dass ein Polizist mit seiner Familie als Mieter in die untere Etage eines Seitenflügels einzog.

Nachdem man sich fast ein Jahr lang eingelebt hatte, konnte im Frühjahr 1920 schließlich die Hochzeit stattfinden. Nach so langer Wartezeit war die Angelegenheit von einem feierlichen Anlass zu der längst überfälligen Erledigung eines Verwaltungsaktes geworden. Um in Salzburg nicht unnötige Gerüchte über die Vorgeschichte des Paares in Umlauf zu bringen, hatten die beiden beschlossen, in Wien zu heiraten. Allerdings wollte Friderike wegen der Erinnerung an ihre Scheidung nicht einmal persönlich an der Hochzeit teilnehmen. Eine besondere Regelung erlaubte es ihr, sich durch Stefans und ihren gemeinsamen Freund Felix Braun vertreten zu lassen, der im Standesamt im Wiener Rathaus vor Zeugen schließlich für sie das Jawort sprach.

Dass der frischgebackene Ehemann Stefan Zweig nach der Zeremonie nicht umgehend nach Salzburg zu seiner Frau zurückkehrte, sondern zunächst noch einige Tage in Wien verbrachte, wo er sich schon vor dem Hochzeitstermin länger aufgehalten hatte, mag ein besonderes Licht auf die in vielerlei Hinsicht ungewöhnliche Beziehung der nunmehrigen Eheleute Stefan und Friderike Zweig werfen. Als Geschenk erhielt Stefan von Friderike ein neues „Gartentürl“: Zwischen zwei Konglomeratsäulen

Das „Gartentürl“

am unteren Eingang zum Gartengrundstück war ein Gittertor mit den stilisierten Buchstaben „SZ" eingesetzt worden.
Das nun folgende familiäre Zusammenleben auf dem Kapuzinerberg war ein groß angelegtes Experiment. Bis zum Zeitpunkt des Einzugs in Salzburg hatten Stefan und Friderike Zweig und deren Töchter Susanna Benedictine (genannt Suse, geboren 1910) und Alexia Elisabeth (Lix oder Alix gerufen, geboren 1907) kaum für längere Zeit zusammen gewohnt. Mal hatte es aus Gründen der „Schicklichkeit" getrennte Wohnungen gegeben, dann arbeitete „Stefzi", wie die Kinder Stefan Zweig gelegentlich nannten, tagsüber in der Kaserne in Wien und war nur am Wochenende bei Friderike gewesen. Die Zeit in der Schweiz hatten die beiden Mädchen vor allem in Kinderheimen und Internaten verbracht. Nun aber lebten sie alle miteinander in einem Haus. Beinahe alles, was über die beiden Töchter Friderikes zu berichten ist, kann nur indirekt aus Bemerkungen in Briefen und sonstigen Dokumenten erschlossen werden. Eines jedenfalls ist sicher: Die beiden Mädchen sorgten über Jahre für eine Lebhaftigkeit, die nur selten auf die Gegenliebe des Hausherren stieß.
Nicht weniger entnervt war Zweig wegen einer anderen Quelle erheblicher Unruhe in seiner unmittelbaren Umgebung: Ausgerechnet Salzburg hatte sich der Starregisseur Max Reinhardt 1920 als Standort für seine neu gegründeten Festspiele ausgewählt. Innerhalb kürzester Zeit hatte sich das Spektakel etabliert und sorgte in den Sommermonaten für einen Strom von Touristen, der die kleine Stadt hoffnungslos überflutete. Selbstverständlich brachten die Festspiele nicht nur Zuschauer mit sich, sondern waren auch eine gesellschaftliche Bühne für die Größen der Musik- und Theaterwelt. Während man neugierige Leser am Garten-

Stefan Zweig bei der Arbeit, um 1930

Auf dem Dach des Festspielhauses

tor hätte abweisen können, war dies bei den wichtigen Kollegen aus aller Welt keinesfalls möglich. *„Das Volk sammelt sich wie schwarze Fliegen"*, schrieb Zweig nach dem ersten Festspielsommer, den er in Salzburg erlebt hatte, *„meine Arbeit geht ganz Futsch dabei. Und ich hätte soviel zu tun!"* Für die kommenden Jahre sah er daher nur einen Ausweg, nämlich die Flucht. Während des Sommers war er nun überall anzutreffen, nur nicht in Salzburg. In einem Jahr fuhr er an die Nordsee, in einem anderen nach Thumersbach bei Zell am See, wohin ihm Frau Meingast mit der Schreibmaschine mehrmals zum Diktat nachreisen musste. Im Sommer 1930 wählte er mit Hamburg den *„merkwuerdigsten aller Sommerplaetze"*, wie er selbst schrieb, als Ort für die Weiterarbeit an seinem Essay über Sigmund Freud. Seine sommerlichen Festspiel-Fluchten waren bald schon legendär. Neben dem Ruhebedürfnis gab es allerdings noch einen weiteren inoffiziellen Grund, der Zweig veranlasste, dem Sommerspektakel so oft wie möglich fernzubleiben. Sein Dichterkollege Hugo von Hofmannsthal, der innerhalb der Festspiele eine herausragende Rolle spielte, hatte hinter den Kulissen dafür gesorgt, dass der in Salzburg lebende Dichter Stefan Zweig von jeder Teilnahme ausgeschlossen blieb. Zweig, der Hofmannsthal seit seiner Schulzeit verehrte, fühlte sich in mehrfacher Hinsicht gekränkt und nahm nun allerhöchstens als Zuschauer an Proben teil.

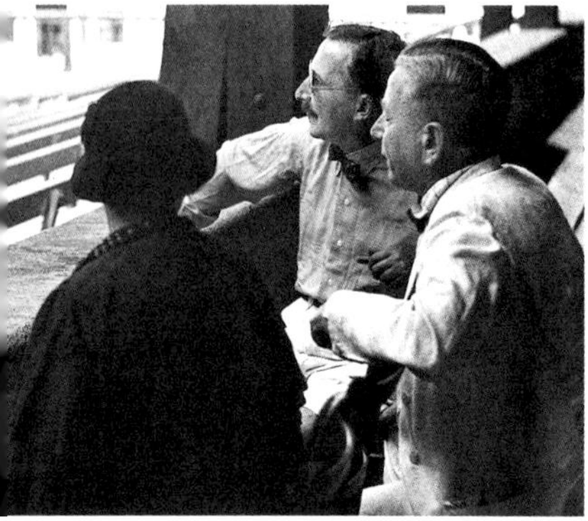

Mit Richard Metzel bei Theaterproben in der Felsenreitschule, 1933

Die Felsenreitschule

Friderike dagegen genoss den Trubel in der kleinen Stadt, öffnete Haus und Hof und gab die Rolle der Schriftstellergattin mit allen Facetten. In einem Jahr stellte sie Gästen aus Asien sogar ihren Garten als Zeltplatz zur Verfügung, weil diese aus religiösen Gründen nicht in einem Haus oder einem Hotel übernachten durften, in dem unreine Speisen zuberei-

Das *Café Bazar* am Salzachufer

tet wurden. Anläßlich eines der wenigen Aufenthalte Stefan Zweigs zu Festspielzeiten notierte Erich Ebermayer über einen gemeinsamen Abend im *Café Bazar*:

Es ist elf Uhr. Moissi wird erwartet. [...] Wir haben einen großen Ecktisch erobert: Stefan Zweig, der Standesherr Salzburgs, Besitzer, Vater, Hüter, Ordner der Stadt, seine Gattin, deren reizende Töchter, ferner der Dichter Billinger, der sitzt und schweigt, Buschbeck, der Dramaturg des Burgtheaters, ruhig, unerschütterlich und liebenswert, wie sein Theater, dazwischen wir jüngeren: Friedenthal, Maaß. Die Tür geht auf. Alle Köpfe sausen herum. Alle Bürger und Fremden stoßen einander an, die Mädchen bekommen rote Köpfe und leichte Erregungszustände, denn Er ist da, Alexander Moissi. Kaum, dass er uns sieht, stürzt er herbei. Stefan Zweig, der Freund, bekommt zwei richtige Küsse (hat der's gut, denken die kleinen Fräulein).

Auch im unruhigen Jahr 1933 war Zweig ausnahmsweise selbst während der Sommerzeit in der Stadt. Dies brachte ihm Besuche von Bruno Walter und Richard Strauss auf dem Kapuzinerberg ein. Strauss spielte Auszüge aus seiner neuesten Opernkomposition *Die schweigsame Frau* vor, an deren Libretto Zweig seit Längerem arbeitete. Und auch zur Teilnahme an ei-

Künstlertee bei Frieda Richard, Sequenz aus einem Film, Sommer 1933

nem „Künstlertee", den die Schauspielerin Frieda Richard in ihrem Garten gab, ließ sich Zweig überreden, wobei die Begrüßung des seltenen Gastes sogar mit der Filmkamera festgehalten wurde.

Außerhalb der Festspiele konnte man Zweig hingegen des öfteren in der Stadt und der näheren Umgebung antreffen. Zwar hielt er sich von allen gesellschaftlichen Verpflichtungen möglichst fern, doch lebte er keinesfalls zurückgezogen auf seinem Berg. Den täglichen Spaziergang mit dem Hund – den Zweig gelegentlich als seinen „Sohn" bezeichnete – unternahm er oft genug selbst, wovon Friderike berichtet:

Um dem lieben Genossen einen beliebten Sport zu ermöglichen, geleitete sein Herr ihn gerne auf den Markusplatz von Salzburg, den Residenzplatz, der vom Dom, von der alten Toscanaresidenz und einem Regierungsgebäude flankiert wird. Dort ließen sich stets um den großen Brunnen herum Schwärme von Tauben nieder. Die friedlichen Tiere zu verjagen, war für das Pflichtgefühl des Hühnerhundes Kaspar eine besondere Genugtuung. Voller Stolz sah der Herr mit ihm den riesigen Schwarm in lautem Aufflug davonflattern.

Mit seinem Freund Emil Fuchs, „Schachfuchs“ genannt, traf sich Zweig an vielen Abenden zum Spiel in einem der Kaffeehäuser. Dass Fuchs Sozialdemokrat war, sei hier am Rande erwähnt. Zweigs politische Einstellung wird dieser Partei nicht fern gewesen sein, auch wenn er sich mit Äußerungen dazu stets bedeckt hielt.

Zu Beginn der 1920er Jahre hatte Zweig mit Hermann Bahr, einem der wenigen Schriftstellerkollegen, die dauerhaft in Salzburg ansässig waren, regelmäßig Wanderungen in der Umgebung der Stadt, zum Gaisberg und zum Untersberg, unternommen. Bahr lebte seit 1912 zusammen mit seiner Frau, der Opernsängerin Anna Bahr-Mildenburg, im Schloss Arenberg am südlichen Rand des Kapuzinerbergs. Mit seinem beinahe 20 Jahre älteren Kollegen hatte Zweig schon seit 1904 in brieflichem Kontakt gestanden. Über den Ersten Weltkrieg war es im Verhältnis der beiden zwar zu erheblichen Verstimmungen gekommen, doch hatten sie den Faden wieder aufgenommen und sahen sich bis zu Bahrs Umzug nach München im Jahr 1922 regelmäßig. Ihre Ausflüge begannen meist mit der „Elektrischen" Straßenbahn, deren Linien durch die Stadt und zeitweise bis über die Grenze nach Deutschland hinaus fuhren. Die Haltestellen waren von beiden Häusern in wenigen Gehminuten bequem zu erreichen, und so finden sich in der Korrespondenz der gemeinsamen Salzburger Jahre weniger inhaltsschwere Briefe als Verabredungen zu Ausflügen, auf denen man alles Wichtige persönlich besprechen konnte. Treffpunkte waren der Gasthof *Steinlechner* oder eine der Straßenbahnstationen. Zweig brach oft von der Haltestelle am *Café Bazar* auf, Bahr stieg am *Äußeren Stein* ein. Für kürzere Unternehmungen und im Winter bot sich der „Hausberg" der beiden Autoren an, so dass Zweig des Öfteren Nachrichten von Bahr erhielt, wie jene vom 6. November 1921:

> Wie wäre es zum Beispiel Mittwoch Vormittag? Entweder Sie läuten gegen halb zehn bei mir an oder ich um dieselbe Zeit bei Ihnen oben, und wir erklimmen den Kapuzinerberg. Bitte Bescheid!

Wie aus seiner Wiener Zeit gewohnt, empfing Zweig seine Gäste auch in Salzburg oft im Kaffeehaus. Einerseits lebte er auf diese Weise ein Stück der von ihm verinnerlichten Kultur seiner Heimatstadt, andererseits konnte er so die Zeit besser begrenzen,

Der Gasthof *Steinlechner*

In Hermann Bahrs Räumen im Schloss Arenberg

die ein solcher Besuch im Tagesablauf einnehmen durfte. Die Zahl der im Haus empfangenen Gäste war dennoch nicht klein, jedoch ausgewählt, wenngleich es nicht selten vorkam, dass unangemeldeter Besuch am Gartentor klingelte.

Stefan Zweig im Garten seines Hauses

Besucher, die Zweig in Salzburg und sogar in seinem privaten Umfeld trafen, waren gelegentlich irritiert durch den Aufzug des Mannes, der ihnen gegenüberstand: Der von den Portraitphotos bekannte gepflegte Herr mit manikürten Händen trug statt des dunklen Anzugs aus edlem Stoff und den blank polierten Schuhen im Sommer oft genug kurze Lederhosen und blütenweiße Hemden mit offenem Kragen. Manche Besucher schwankten beim Anblick dieser Kostümierung zwischen Irritation und Amüsement. Obwohl Zweig eigentlich nur jene Kleidung trug, die in der gehobenen Gesellschaft Salzburgs seinerzeit als „dernier cri" galt und keinesfalls ein Anflug von Heimattümelei war, fiel in diesem Zusammenhang der wenig schmeichelhafte Begriff vom „Salontiroler". Zweigs Freund und Kollege Carl Zuckmayer amüsierte die Vorstellung, Zweig werde in diesem Aufzug zu einem verabredeten Treffen nach Berlin kommen. Im Geiste sah er schon die Schlagzeilen der Lokalpresse vor sich und ließ den Kollegen wissen:

> Ich freue mich ungemein auf Ihren Besuch, obwohl ich mir schwer vorstellen kann, wie Sie sich in Ihrer Lederhose und ihrem schönen rotschwarzen Janker ausnehmen werden. Auch die Virginia dürfte Aufsehen erregen und in den Gazetten als exotische Nuance gefeiert werden.

Zuckmayer, der sich nach dem Erfolg seines Theaterstückes *Der fröhliche Weinberg* ein Haus in Henndorf bei Salzburg gekauft hatte, gehörte zu den wenigen Personen, die Zweig immer gern in seiner Nähe hatte. Über seine Freunde der Henndorfer Zeit schreibt Zuckmayer:

Im *Café Tomaselli*

Schachspieler im *Café Mozart*

Unter diesen gab es zwei Gruppen, eben jene Durchzügler und Paradiesvögel, die hauptsächlich in der Festspielzeit dort ihre privaten und künstlerischen Gastspiele gaben, und dann den festen Bestand der ansässigen Dauerfreunde. Zu denen zählten wir unseren Henndorfer Totengräber und seine Schützenbrüder ebenso wie Stefan Zweig, der inmitten seiner Sammlung von Autographen und Reliquien [...] auf dem Kapuzinerberg saß.

Die Anmerkung Zuckmayers über die Autographen in Zweigs Haus lässt schon ahnen, dass sie nicht auf allen Gebieten zueinander fanden; doch trotz ihrer ungleichen Charaktere wurde jedes Zusammentreffen von beiden Seiten mit Freude erwartet. Bei solch einer Gelegenheit skizzierten sie einmal sogar einen Schwank über die Wandlungen der Stadt Salzburg zur Festspielzeit, in der sich die eher biedere konservative Kleinstadt ein weltstädtisches Gewand überzustreifen versuchte. Der sonst alltäglich zu spürende Antisemitismus kehrte sich für kurze Zeit in eine übertriebene Freundlichkeit der Einwohner, vor allem gegenüber amerikanischen Juden, die im Lauf der Jahre die Festspiele als lohnendes Reiseziel in Übersee entdeckt hatten und reichlich Devisen mit nach Österreich brachten. Das alles, so war es in der Posse vorgesehen (und nicht anders war es in der Realität), war umgehend vergessen, sobald der letzte Festspielgast die Stadt verlassen hatte.

Im *Café Mozart*

Konnten sich Zweig und Zuckmayer für längere Zeit nicht sehen, so meldeten sich gelegentlich die Hunde der Familie Zuckmayer in von ihnen „unterschriebenen" Briefen bei den Zweigs. Die mitteilungsbedürftigen Tiere Flick, Flock und Bonzo waren nämlich allesamt Nachkommen des Zweigschen Spaniels Kaspar. Ein anderes, ungewöhnlich großes Geschenk hatten die Zuckmayers schon Jahre zuvor von Zweig erhalten. Kurz nach ihrem Einzug in die Wiesmühl war der Kollege aus

Salzburg zu einem Antrittsbesuch angereist, von dem Zuckmayer berichtet:

Der Kachelofen in der Wiesmühl in Henndorf

Als er zum ersten Mal nach Henndorf kam, standen wir gerade vor dem Problem, einen neuen Ofen in unserer Wohnstube setzen zu lassen, da der alte zusammengebrochen war und wir den ganzen Raum in einem einheitlichen, dem Charakter des Hauses und der Landschaft entsprechenden Stil einzurichten wünschten: es kam dafür nur ein echter, ländlicher Kachelofen in Frage, und der war, wenn man neufabriziertes Kunstgewerbe ausschloß, nicht leicht zu beschaffen. Stefan strahlte. Er ließ sich die Maße geben und zog sich geheimnisvoll zurück. Am nächsten Tag kamen Transportarbeiter mit einem genau in die Ecke passenden, altsalzburgischen, dunkelgrün getönten und besonders reizvoll ornamentierten Kachelofen, von dem er dann behauptete, er habe ihn unbenutzbar in seiner Wohnung auf dem Kapuzinerberg in der Rumpelkammer entdeckt; ich bin heute noch nicht sicher, ob er nicht stundenlang in Salzburg herumgelaufen ist, um ihn zu finden und ihn uns als ‚Einstand', wie er es nannte, zu verehren.

In den folgenden Jahren ergaben sich viele gegenseitige Besuche in der Wiesmühl und auf dem Kapuzinerberg, an denen gelegentlich auch Bekannte und Freunde teilnahmen. Der Schauspieler Emil Jannings und Zweigs Verleger Anton Kippenberg gehörten zu diesem Kreis. Am liebsten aber war Zweig bei aller Unterhaltung, die größere Runden bringen konnten, das vertrauliche Gespräch mit Zuckmayer, der darüber schreibt:

Einmal fragte meine Frau, als er nach einem solchen intimen Zwiegespräch gegangen war: ‚Was hat dir der Stefan heute so aufgeregt erzählt?' – ‚Den letzten Klatsch aus der Französischen Revolution', sagte ich nur; denn er arbeitete gerade an seiner *Marie Antoinette*.

Diese Biographie der französischen Königin sollte zu einem der verkaufsträchtigsten Bücher Zweigs überhaupt werden. Zusammen mit der Lebensbeschreibung Joseph Fouchés festigte sie seinen Ruf als Biograph historischer Gestalten. In früheren Jahren hatte er bereits mehrere Bände mit kürzeren Essays über Leben und Werk von Dichtern vorgelegt, darunter Balzac, Dickens und Dostojewski. Diesen Werken war stets eine mit erheblichem Aufwand betriebene Recherche vorangegangen. Dank seines Interesses für alte Handschriften war Zweig tatsächlich in der Lage, Originaldokumente zu lesen und in seine Bücher einzubauen. Andererseits verstand er es, die Biographien darüber nicht zu trockenen Abhandlungen werden zu lassen. Hatte er genug Material durchgelesen, um sich ein eigenes Bild machen zu können, so entwarf er auf dieser Grundlage seine Geschichte der jeweiligen Person, wobei am Ende oft nicht mehr zwischen gesicherten Fakten und Zweigs eigener Phantasie zu unterscheiden war. Doch gerade diese romanhafte Vorgehensweise, die von Wissenschaftlern eher belächelt wurde, brachte ihm einen unerwartet großen Kreis von Lesern und vor allem Leserinnen ein. Während Zweig der romanhaft erzählte biographische Stoff keine Probleme bereitete und seine neuen Bücher im Jahrestakt erschienen, gelang es ihm während der Salzburger Jahre trotz mehrerer Anläufe nicht, einen eigenen Roman zu verfassen. Als meisterhaft galten hingegen seine zahlreichen Novellen und Erzählungen, darunter *Verwirrung der Gefühle*, *Brief einer Unbekannten* und *Der Amokläufer*, die zumeist im Herbst in Sammelbänden erschienen und Buchhändlern und Autor im Vorweihnachtsgeschäft erhebliche Umsätze einbrachten.

Silvester 1932 in den Makart-Stuben, 2. von links: Carl Zuckmayer, ganz rechts: Stefan Zweig

Die Imbergstiege vom Kapuzinerberg

Ist nun Stefan Zweigs literarisches Werk mit der Stadt Salzburg verbunden? Dies ist an keiner Stelle festzustellen. Weder seine Erzählungen noch seine biographischen Werke wie jene über Fouché oder Marie Antoinette hatten einen besonderen Bezug zu Salzburg. Allenfalls spielt die österreichische Kultur eine größere Rolle; denn schließlich war die spätere französische Königin Marie Antoinette als Tochter Kaiser Franz' I. und Maria Theresias in Wien zur Welt gekommen, doch interessierte sich Zweig hier eher für die persönlichen

Konflikte der Protagonisten und die Zusammenhänge von Macht und Ohnmacht. Tatsächlich hätten diese Werke beinahe überall entstehen können – und oft genug war genau dies der Fall gewesen. So sehr Salzburg über Jahre gewissermaßen die Basisstation seines Lebens und künstlerischen Schaffens war, so unvermittelt schnell konnte Zweig seine Manuskripte in einen Koffer packen und den Arbeitsplatz nach Frankreich, in die Schweiz oder nach Deutschland verlegen, um dort ganz in der Arbeit zu versinken.

Im Nachlass Stefan Zweigs findet sich ein Typoskript mit dem schlichten Titel *Salzburg*. Es ist sehr lohnenswert, sich diesen Artikel, der in die moderne Werkausgabe Zweigs aufgenommen wurde, genauer anzusehen, wenn man mehr über Stefan Zweigs Salzburg erfahren möchte. Der Text war erstmals 1925 in einer kürzeren Fassung unter dem Titel *Die Stadt als Rahmen* im *Salzburger Festspiel-Almanach* erschienen, was die bei einem Beitrag zur Stadt Salzburg ohnehin zu erwartende besondere Hervorhebung Mozarts im Text erklärt. Zweig scheint das Manuskript bis 1933 nochmals überarbeitet und ergänzt zu haben. Eine weitere Version erschien 1937 in seinem Sammelband *Begegnungen mit Menschen, Büchern, Städten*. Es existieren also insgesamt drei sich wenig unterscheidende Versionen dieses Essays. Darin finden sich auch die wohl am häufigsten zitierten Sätze Zweigs über die Stadt Salzburg:

Kaffeestunde im Salzburger Garten

Über den Dächern Salzburgs

Sie kann ganz Nordstadt sein und ganz Südstadt. An schroffen Wintertagen leuchtet sie schneeblendend mit weißvermummten Bergen, kaltklarer eiskühler Luft, dann klirren Schlitten hinaus ins weiße Land und von den Bergen und Hügeln sausen die Skier; aber über Nacht wirft sich der Wind jählings um, ein föhniger Himmel blaut feucht und lau, und sofort wird Salzburg zur Südstadt, mit italienischen Farben, funkelnd mit weißen Häuserflächen und umbuscht von aufquellenden Gärten, eine üppige, eine warme und fast wollüstig weiche

Landschaft – ein letzter Glanz vom Süden her rührt diese erzdeutsche Stadt in solchen Augenblicken an.

Immer wieder möchte man bei der Lektüre des Textes Sätze um biographische Einzelheiten Zweigs ergänzen und zu Ende führen. Wenn er schreibt: *„Die Salzach, die meist rasch und schäumend unter ihren Brücken läuft, hat ein nordischer Dichter, J. Peter Jacobsen, einmal zur Trägerin einer seiner bezauberndsten Novellen gemacht. (To Verdener, Zwei Welten)"*, so ist anzumerken, dass Zweig deren dänisches Originalmanuskript bereits 1910 erworben hatte und in seiner Autographensammlung aufbewahrte. Im Essay unternimmt er außerdem einen Ausflug in das die Stadt umgebende Hochgebirge, berichtet vom Watzmann und dem Untersberg: *„Aber sie stürzen nicht zerschmetternd hinab in die Tiefe, sondern sie klingen aus in ein paar kleine milde Hügel, deren zwei, der Mönchsberg und der Kapuzinerberg, selbst schon in der Stadt stehen, umsponnen vom Grün, gezähmt und bewohnt"* – und zwar unter anderem von Stefan Zweig selbst. Bei aller Bewunderung für die reizvolle Landschaft und die vielfältige Architektur der Stadt – *„Zwanzig, dreißig Kirchtürme steigen empor aus dem sonst enggewinkelten Häusergewühl, jeder anders in seiner Form"* – fällt eines besonders auf: Über die Bewohner dieses reizenden Städtchens schweigt der Dichter. Dies mag vielerlei Gründe gehabt haben: In das Salzburger Leben integriert war Zweig zu keiner Zeit. Unglücklich war er deshalb freilich nicht. Es dürfte seinem Naturell entsprochen haben, dass er nicht wirklich *in* der Stadt lebte, sondern *über* der Stadt, in einem Haus, das nur über einen steilen Weg zugänglich war. Zweigs ohnehin vorhandene Abneigung gegen gesellschaftliche Verpflichtungen spielte dabei eine ebenso große Rolle wie die extrem konservative und oftmals deutlich antisemitische Grundstimmung der Stadt. Sich öffentlich kritisch dagegen zu äußern, hätte allerdings auch nicht Zweigs Wesen entsprochen, und so muss man aus seinem Schweigen entsprechende Rückschlüsse ziehen.

Die Stadt mit der Festung Hohensalzburg

Interessant ist in diesem Zusammenhang, wie Zweig andererseits seinen oftmals großen Unmut über die Entwicklung der beiden Töchter Friderikes in allgemein gehaltene Sätze seiner Werke verpackt. Wenn er beispielsweise in seinem Essay *Die Monotonisierung der Welt* gegen die durch Massenmedien verbreiteten neuesten Moden wettert, so scheint er sich dabei indirekt an Suse und Alix von Winternitz zu wenden, die kaum einem der genannten Vergnügen fern standen:

Blick zum Kapuzinerberg, in der Bildmitte auf dem Berg die Villa Stefan Zweigs

Mit Friderike, ihren Töchtern und dem Spaniel Kaspar im Garten

Im Kino, im Radio, im Tanze, in all diesen neuen Mechanisierungsmitteln der Menschheit liegt eine ungeheure Kraft, die nicht zu überwältigen ist. Denn sie alle erfüllen das höchste Ideal des Durchschnittes: Vergnügen zu bieten, ohne Anstrengung zu fordern. Und ihre nicht zu besiegende Stärke liegt darin, daß sie unerhört bequem sind. Der neue Tanz ist von dem plumpsten Dienstmädchen in drei Stunden zu erlernen, das Kino ergötzt Analphabeten und erfordert von ihnen nicht einen Gran Bildung, um den Radiogenuß zu haben, braucht man nur gerade den Hörer vom Tisch zu nehmen und an den Kopf zu hängen und schon walzt und klingt es einem ins Ohr – gegen eine solche Bequemlichkeit kämpfen selbst die Götter vergebens.

Nicht nur die Götter, selbst der Hausherr vom Kapuzinerberg 5 stand hier auf verlorenem Posten. Auch wenn er Rundfunkhörer im privaten Kreis regelmäßig als „Radioten“ bezeichnete und sich selbst weigerte, ein solches Gerät anzuschaffen, waren Friderikes Töchter davon nicht abzubringen. Auf beiden Seiten scheint man sich hierbei in einen wahren Kleinkrieg hineingesteigert zu haben, der auch noch die Frage der Anschaffung eines Automobils beinhaltete. Es ging bei all dem freilich weniger um Radios oder Autos als um das Prinzip. Stefan Zweig fühlte sich von den beiden Mädchen, die er nicht adoptiert hatte, nicht ernst genommen. Zu allem Überfluss sah er sich in diesem Kampf allein: Friderike, die wegen der Scheidung vom Vater der Kinder durchaus Schuldgefühle gegenüber ihren Töchtern hatte, schlug sich zumeist auf deren Seite. So konnte es zu ausgesprochen unangenehmen familiären Szenen kommen, wie an einem Silvesterabend, als Stefan Zweig in seinem Haus in eine gegen seinen Willen organisierte Party der Töchter platzte und einen Wutausbruch kaum unterdrücken konnte: *„Er wurde abwechselnd wachsbleich und glühend rot“*, schrieb Erich Ebermayer, der Zeuge dieses für alle Anwesenden mehr als unangenehmen Zwischenfalles gewesen ist. Zweigs Reaktion auf solche familiären Krisen waren oft mehrwöchige Fluchten aus Salzburg, um an einem anderen Ort wieder zur Ruhe und zur Arbeit zurückzufinden.

Daneben gab es für ihn noch eine weitere Möglichkeit, dem oftmals als störend empfundenen Treiben auf dem Kapuzinerberg zu entkommen. Zweigs seit Jahrzehnten mit viel Geld und Mühe aufgebaute Handschriftensammlung gehörte inzwischen nämlich zu den bedeutendsten ihrer Art in Privatbesitz. Große Namen der Literatur und Musik waren darin reichlich vertreten. Zweig zog sich gern allein mit Autographen seiner Sammlung in die Bibliothek zurück und ließ sich von den Dokumenten dazu anregen, der Entstehung des jeweiligen Blattes nachzugehen, worüber er oft genug ins Fabulieren geriet. In dieser Gedankenwelt, dessen konnte er sich sicher sein, würde ihn niemand aus seinem engsten Umkreis stören.

Beethovens Schreibtisch im Saal der Villa

Mit dem Ausbau der Autographensammlung war die Erweiterung der Bibliothek einhergegangen. Schon bald nach dem Einzug hatte das Haus der Zweigs ausgesprochen repräsentativ auf seine Besucher gewirkt. Dies

In der Bibliothek

lag an der exponierten Lage über der Stadt, aber auch an den Kostbarkeiten, die in den Räumen verteilt waren. Im Jahr 1929 kamen als besondere Ergänzung der Autographensammlung einige Erinnerungsstücke an Ludwig van Beethoven hinzu, von dem Zweig bereits mehrere Musikhandschriften besaß. Nun kaufte er einen großen Schreibtisch, eine Violine, ein Klappschreibpult und eine Geldkassette aus dem Besitz des Komponisten. Zweig wusste die Aura solch geschichtsträchtiger Objekte außerordentlich zu schätzen. Auch in der Atmosphäre des Bibliotheksraums, der inzwischen mit Tausenden von kostbaren Büchern gefüllt war, fühlte er sich sehr wohl und verstand es bestens, das Haus und dessen Schätze effektvoll einzusetzen, wenn er Gäste zu sich bat. Der Maler Ludwig Schwerin besuchte Zweig im Herbst 1930 und schildert seine Eindrücke:

Ein Diener in weisser Schürze, umwedelt von 3 jungen schwarzweissen Vorstehhunden, öffnet mir und führte mich gleich in die Bibliothek.

Stefan Zweig begrüsste mich sehr herzlich. Er hatte gerade einen grossen Gasofen in Brand gesetzt und entschuldigte sich, dass es noch etwas kühl sei – es werde bald warm werden. Die Bibliothek wirkte prächtig durch die vom Boden bis zur Decke ganz mit Büchern bedeckten Wände. Eine grosse Kommode steht inmitten des Raums, schöne Bücher liegen darauf, in den Schubladen grosse Reproduktionswerke und eine ist ganz gefüllt mit Holzschnittwerken Masereels. An der Wand hängt ein Bild von der Hand Masereels, darstellend den Hafen von Marseille. An der Fensterwand sind 3 Originalzeichnungen Goethe's. In der einen Ecke, vor einem großen runden Tisch, stehen tiefe Ledersessel. Dort nehmen wir Plåtz. Stefan Zweig bietet mir eine Zigarre an; während wir die in Brand setzen, stellt der Diener ein silbernes Tablett mit 2 Tassen Mokka, einer Kanne, Likörflaschen und Bechern auf den Tisch und verschwindet.

Die oben geschilderte großbürgerliche Idylle, in der einige der bedeutendsten Werke Zweigs entstanden, sollte schon zu Beginn der 1930er Jahre ins Wanken geraten. Bereits um seinen 50. Geburtstag im November 1931 herum hatte Zweig düstere Vorahnungen geäußert. In der Ehe mit Friderike, aber auch im Zusammenleben mit deren Töchtern war es in den letzten Jahren zu immer neuen Spannungen gekommen. Viel schwerwiegender jedoch waren die dramatischen politischen Umwälzungen in Deutschland. Für den Juden Stefan Zweig verhieß ein Reichskanzler Adolf Hitler, dessen Haus auf dem Obersalzberg sich beinahe in Sichtweite des eigenen Anwesens befand, eine absehbare Gefahr. Letztlich war es nur eine Frage der Zeit, wann auch das labile österreichische System kippen würde. Es sollte länger dauern, als Zweig es voraussagte, doch ergriff er schon jetzt persönliche Vorsichtsmaßnahmen. Seine Phantasie reichte an depressiven Tagen dazu, erhebliche Zukunftsängste aufzubauen. So entschied er sich bereits im Herbst 1933, eine kleine Wohnung in London zu nehmen und dort in Ruhe an neuen Projekten zu arbeiten. Er trat damit die erste Etappe seiner Flucht an, die neun Jahre später auf tragische Weise in Südamerika enden sollte.

Für das positive Gefühl eines wirklichen Neuanfangs war seine Stimmung auch nach der Entscheidung zu gedrückt. Friderikes Vorstellungen des zukünftigen Lebens gingen in eine ganz andere Richtung, und in London kamen genau zu dem Zeitpunkt, an dem Zweig dort seine Wohnung genommen hatte, immer mehr Flüchtlinge aus dem nationalsozialistischen Deutschland an. Doch wie geplant, gelang es Zweig in London zunächst, sich mit Stoffen für kommende Buchprojekte zu beschäftigen. Bald war auch ein Weg gefunden, Verbindung zu seinem „Stützpunkt" in Salzburg zu schaffen, wo er den Großteil seiner Registratur, Bibliothek und seiner Autographensammlung zurückgelassen hatte. Friderike, die Salzburg und das Haus unter

Fiaker auf dem Residenzplatz

In der Salzburger Altstadt

keinen Umständen verlassen wollte, hielt dort zusammen mit der Sekretärin Anna Meingast weiterhin die Stellung im Büro. Über die gemeinsamen Planungen des Ehepaares in dieser Situation einer nicht vollendeten Trennung ist wenig bekannt. Friderike reiste mehrfach nach London, richtete sogar die erste Wohnung Stefans ein, die er bald gegen ein geräumigeres Apartment in einer Seitenstraße nahe des Oxford Circus tauschte. Eine neue Sekretärin für die Arbeit in London wurde gesucht und eingestellt. Es war Elisabet Charlotte (genannt Lotte) Altmann, die mit ihrer Familie aus Deutschland geflüchtet war. Für Stefan Zweig war schon bei der Übersiedlung nach London klar gewesen, dass er das Leben und das Haus in Salzburg über kurz oder lang aufgeben würde. Doch wehrte sich Friderike so sehr gegen diesen Gedanken, dass die Konsequenzen noch ausblieben.

Eine heftige Erschütterung der Situation brachte der 18. Februar 1934, an dem das Londoner Provisorium abrupt zu Zweigs Hauptwohnsitz werden sollte. Er berichtet darüber selbst in seiner autobiographischen Rückschau *Die Welt von Gestern*:

Ich war nachmittags von Wien in mein Haus nach Salzburg zurückgekommen, hatte dort Stöße von Korrekturen und Briefen vorgefunden und bis tief in die Nacht gearbeitet, um alle Rückstände zu beseitigen.

Im Mirabellgarten

Am nächsten Morgen, ich lag noch im Bett, klopfte es an die Tür; unser braver alter Diener, der mich sonst nie weckte, wenn ich nicht ausdrücklich eine Stunde bestimmt hatte, erschien mit bestürztem Gesicht. Ich möchte hinunterkommen, es seien Herren von der Polizei da und wünschten mich zu sprechen. Ich war etwas verwundert, nahm den Schlafrock und ging in das untere Stockwerk. Dort standen vier Polizisten in Zivil und eröffneten mir, sie hätten Auftrag, das Haus zu durchsuchen; ich solle sofort alles abliefern, was an Waffen des Republikanischen Schutzbundes im Hause verborgen sei. Ich muß gestehen, daß ich im ersten Augenblick zu verblüfft war, um irgend etwas zu antworten. Waffen des Republikanischen Schutzbundes in meinem Hause?

Der Kaisersaal im Salzburger Hauptbahnhof

Die Durchsuchung in Salzburg war als reine Provokation geplant gewesen, die zwar erwartungsgemäß zu keinem greifbaren Ergebnis führte, ihr Ziel aber dennoch nicht verfehlte. Zweig reiste unverzüglich zurück nach England, beauftragte seinen Bruder, ihn bei den österreichischen Behörden mit neuem Wohnsitz London abzumelden, und vergaß nicht, seiner Sekretärin die Nachricht zu hinterlassen, dass er nach Zahlung des letzten Jahresbeitrags aus der Goethegesellschaft ausscheiden werde, da er seine Bibliothek aufgeben wolle. Das baldige Ende der Salzburger Zeit war für Zweig nun abzusehen. Dennoch folgte noch ein jahrelanger quälender Streit mit Friderike, die das Haus auch nach seinem endgültigen Weggang nicht aufgeben wollte.

Aus der Sicht Zweigs, der inzwischen eine Beziehung zu seiner Londoner Sekretärin Lotte Altmann eingegangen war, zog sich die Angelegenheit nervraubend in die Länge. Erstmals war nun auch von einer Scheidung die Rede. Weiteren Zündstoff in der ohnehin angespannten Lage bot eine Auseinandersetzung mit dem Finanzamt aufgrund der komplizierten Wohnverhältnisse des Ehepaares. Zwar hatte Stefan Zweig sich nach seinem Entschluss, Österreich zu verlassen und nach London zu übersiedeln, umgehend in Salzburg ab- und umgemeldet, doch galt er nach österreichischem Gesetz immer noch als Haushaltsvorstand des Anwesens Kapuzinerberg 5, das seine Ehefrau weiterhin bewohnte. Somit musste er seine Einkünfte zu einem Großteil sowohl in Österreich als auch in Großbritannien versteuern. Zweig zahlte nach anfänglichem Unwillen schließlich stillschweigend die über Jahre aufgelaufenen Steuerschulden. Dies war eine für ihn typische Reaktion jener Jahre, die von zunehmender Resignation und immer häufiger auftretenden Depressionen gekennzeichnet waren.

Friderike und Stefan Zweig auf dem Salzburger Hauptbahnhof

In der Bahnhofshalle

Aus dieser Erfahrung folgte für Zweig, dessen Verhaltensweise gegenüber den österreichischen Behörden inzwischen übervorsichtig geworden war – er selbst sprach sogar von einer *„geradezu pathologischen Sorge, in allen Dingen gesetzmässig vollkommen korrekt zu handeln"* –, dass er die Auflösung des Haushalts umso radikaler vorantreiben musste. Seiner Frau teilte er mit: *„Selbstverständlich müssen alle Gegenstände, die auch nur im Entferntesten auf meine mögliche Anwesenheit gedeutet werden können, verkauft werden (Schreibtisch, Kasse usw. usw.)."*

Mitte der 30er Jahre

Das sich abzeichnende Debakel setzte sich weiter fort. Hatte sich Friderike unter erheblichem Druck schließlich bereit erklärt, das Haus zu verlassen und zu verkaufen, so war sie keineswegs gewillt, der Stadt den Rücken zu kehren. Gemeinsam mit ihren Töchtern mietete sie ein Haus im Stadtteil Nonntal und versuchte dort zeitweise, eine Pension zu betreiben. Für Stefan Zweig war dies eine weitere Ohrfeige. Ihm war es völlig unverständlich, wie seine Frau sich ausgerechnet in jener Stadt eine neue Bleibe suchen konnte, in der er mit einer polizeilichen Hausdurchsuchung dermaßen brüskiert worden war. Seit diesem Zwischenfall hatte er nicht mehr im Haus auf dem Kapuzinerberg übernachtet, sondern sich bei seinen wenigen Besuchen zur Auflösung des Haushalts ein Hotelzimmer in der Stadt genommen. Spätestens jetzt war Salzburg nicht mehr Stefan Zweigs Stadt.

Der Verkauf des Hauses, der immer wieder verzögert worden war, wurde am Ende zu einem einzigen Verlustgeschäft. Die mit dem Käufer vereinbarte erste Rate des Preises musste Zweig zur Tilgung der oben erwähnten Steuerschulden direkt an das Finanzamt weitergeben. Die zweite Rate sollte er gar nicht erst erhalten, denn vor dem für die Zahlung vereinbarten Termin war es zum „Anschluss" Österreichs an das Deutsche Reich gekommen, womit das Unrecht auf vielen Ebenen legalisiert worden war. Friderike Zweig, die sich in jenen Tagen in

Frankreich aufhielt, verlor mit dem Einmarsch von Hitlers Truppen in Österreich im März 1938 den größten Teil ihrer in Salzburg zurückgelassenen beweglichen Habe und ihres Vermögens.

Salzburg war nun für beide Zweigs verloren, aber noch längst nicht vergessen. Als bittere Nachricht erfuhr Stefan Zweig, dass am Vorabend des 1. Mai 1938 bei der einzigen öffentlich inszenierten Bücherverbrennung in Österreich auch seine Bücher in die Flammen geworfen worden waren – auf dem Salzburger Residenzplatz.

Blick vom Kapuzinerberg auf die Salzach

Stefan Zweigs weiterer Lebensweg führte ihn im Anschluss an den endgültigen Abschied von Salzburg und Österreich zunächst mit Lotte Altmann – er hatte sie nach der Scheidung von Friderike geheiratet – in die südenglische Kleinstadt Bath. Das Haus *Rosemount*, in dem sie lebten, lag auf einem Hügel über der Stadt und mag mit dem Blick ins Tal an die Villa auf dem Kapuzinerberg erinnert haben. Nach Beginn des Zweiten Weltkrieges und den ersten Erfolgen der Deutschen Wehrmacht hielt Zweig den Ort nicht mehr für sicher und trat mehrere Reisen in die USA und nach Südamerika an. Trotz anhaltender schriftstellerischer Erfolge nahmen seine Depressionen weiter zu. Lotte und ihm gelang es schließlich, Dauervisa für Brasilien zu bekommen, ein Land, das ihn seit seinem ersten Aufenthalt im Jahr 1936 fasziniert hatte. Im Herbst 1941 zogen die beiden nach Petrópolis in den Bergen bei Rio de Janeiro. Nach Abschluss einiger seiner bekanntesten Werke, darunter die *Schachnovelle* und *Die Welt von Gestern,* nahmen sich Lotte und Stefan Zweig am 23. Februar 1942 gemeinsam das Leben.

Lotte und Stefan Zweig

Das Stefan Zweig Zentrum in Salzburg

Im Jahr 2008 eröffnete die Universität auf dem Mönchsberg das *Stefan Zweig Zentrum Salzburg*. Von der *Edmundsburg*, wie diese Villa aus dem 17. Jahrhundert heute genannt wird, hat man einen idealen Blick über die Stadt. Eine Ausstellung mit Bildern und Originaldokumenten gibt einen Überblick über Leben und Werk Stefan Zweigs. Das Museum ist für Literaturtouristen und Freunde des Schriftstellers zugänglich, für Gruppen sind nach Vereinbarung auch Führungen möglich. Eine Stefan Zweig-Forschungsbibliothek steht zur Verfügung, ebenso sind in einer Videothek Verfilmungen und Film-Dokumentationen über den österreichischen Schriftsteller zu sehen. Das *Stefan Zweig Zentrum* versteht sich als Zentrum für Literatur, Kunst und Wissenschaft. Forschungs- und Editionsprojekte werden hier realisiert. Auf dem Veranstaltungsprogramm

Die *Edmundsburg* auf dem Mönchsberg, Sitz des *Stefan Zweig Zentrum*

stehen Vorträge, Lesungen, Diskussionen und wissenschaftliche Konferenzen. Ziel ist es, nicht nur für den Autor Stefan Zweig und sein Werk ein neues Bewusstsein zu schaffen, sondern auch Themen aus seinem kulturhistorischen Kosmos aufzugreifen. Ebenso werden Veranstaltungen zur europäischen Literatur- und Kulturgeschichte angeboten und internationale wissenschaftliche Kooperationen, etwa mit Deutschland, Frankreich, Italien, Schweiz, England und den USA geknüpft.

Benutzte und weiterführende Literatur

EBERMAYER, ERICH: *Eh' ich's vergesse … – Erinnerungen an Gerhart Hauptmann, Thomas Mann, Klaus Mann, Gustaf Gründgens, Emil Jannings und Stefan Zweig.* Herausgegeben und mit einem Vorwort von Dirk Heißerer, München 2005.

KERSCHBAUMER, GERT: *Stefan Zweig – Der fliegende Salzburger.* Salzburg, Wien, Frankfurt am Main 2003.

MATUSCHEK, OLIVER: *Stefan Zweig. Drei Leben – Eine Biographie.* Frankfurt am Main 2006.

PRATER, DONALD A.: *Stefan Zweig. Das Leben eines Ungeduldigen.* München und Wien 1981.

Stefan Zweig 1881–1942, Ausstellungskatalog. Herausgegeben von Erich Fitzbauer, Salzburg 1961.

Stefan Zweig. Bilder, Texte, Dokumente. Herausgegeben von Klemens Renoldner, Hildemar Holl und Peter Karlhuber, Salzburg und Wien 1993.

ZUCKMAYER, CARL: *Als wär's ein Stück von mir. Horen der Freundschaft.* Frankfurt am Main 2006.

ZWEIG, FRIDERIKE MARIA: *Spiegelungen des Lebens.* Wien, Stuttgart, Zürich 1964.

ZWEIG, FRIDERIKE MARIA: *Stefan Zweig, wie ich ihn erlebte.* Stockholm, Zürich, London, New York 1947.

ZWEIG, STEFAN – ZWEIG, FRIDERIKE: *„Wenn einen Augenblick die Wolken weichen". Briefwechsel 1912–1942.* Herausgegeben von Jeffrey B. Berlin und Gert Kerschbaumer, Frankfurt am Main 2006.

ZWEIG, STEFAN: *Auf Reisen. Feuilletons und Berichte.* Herausgegeben und mit einer Nachbemerkung versehen von Knut Beck, Frankfurt am Main 1987.

ZWEIG, STEFAN: *Briefe 1897–1942.* Vier Bände, herausgegeben von Knut Beck, Jeffrey B. Berlin und Natascha Weschenbach-Feggeler, Frankfurt am Main 1995–2005.

ZWEIG, STEFAN: *Briefwechsel mit Hermann Bahr, Sigmund Freud, Rainer Maria Rilke und Arthur Schnitzler.* Herausgegeben von Jeffrey B. Berlin, Hans-Ulrich Lindken und Donald A. Prater, Frankfurt am Main 1987.

ZWEIG, STEFAN: *Die Welt von Gestern – Erinnerungen eines Europäers.* Frankfurt am Main 1981.

Bildnachweis

S. 4: Daniel A. Reed Library, State University of New York, Fredonia, NY
S. 29: Bildarchiv Preussischer Kulturbesitz
S. 3, 10, 14, 17, 19 o., 20 o., 22, 23, 25, 31 o., 34, 35, 36, 41 o., 42, 44: Privatbesitz
Alle übrigen Fotos: Angelika Fischer

Nicht alle Urheber der historischen Fotos ließen sich ermitteln. Etwaige Rechteinhaber werden aufgefordert, sich mit dem Verlag in Verbindung zu setzen.

Dank

Der Verlag und die Autoren danken
Frau Lindi Preuss und dem Williams Verlag Zürich
für die freundliche Unterstützung.

Stefan Zweig Zentrum Salzburg
Edmundsburg
Mönchsberg 2
5020 Salzburg / Österreich
Tel: 00 43 (0)662 8044 – 7641 und 7640
stefan-zweig-centre@sbg.ac.at
www.stefan-zweig-centre-salzburg.at
Öffnungszeiten:
Montag, Mittwoch, Donnerstag und Freitag: 14:00 bis 16:00 Uhr
Führungen nach vorheriger telefonischer Anmeldung

Literaturarchiv Salzburg
Forschungszentrum von Universität, Land und Stadt Salzburg
Residenzplatz 9/2 (Zugang: Kapitelgasse 5-7)
5020 Salzburg / Österreich
Tel.: 0043 (0) 662 / 8044-4910
literaturarchiv@sbg.ac.at
www.uni-salzburg.at/literaturarchiv
Als herausragenden Einzelbestand bewahrt das Literaturarchiv Salzburg einen Teil des Nachlasses von Stefan Zweig auf, der im Jahr 2014 aus dem Büro der Agentur Atrium Press in London erworben werden konnte. Zu diesem Bestand zählen die wichtigste Sammlung von Zweigs literarischen Notizbüchern sowie sämtliche erhaltene Tagebücher des Autors, weitere Lebenszeugnisse und Manuskripte mehrerer Werke. Auf Anfrage bieten wir gerne Führungen an.

Adolf Haslinger Literaturstiftung
Universität Salzburg
Residenzplatz 9/2 (Zugang: Kapitelgasse 5-7)
5020 Salzburg / Österreich
Tel.: 0043 /(0) 676 427 34 37
Hildemar.Holl@sbg.ac.at
http://ahl.sbg.ac.at/index.html
Die Adolf Haslinger Literaturstifung verwahrt u.a. die Stefan-Zweig-Sammlungen von Dr. Wilhelm Meingast und Dr. Donald A. Prater.

Internationale Stefan Zweig Gesellschaft
c/o **Adolf Haslinger Literaturstiftung**
Universität Salzburg
Residenzplatz 9/2
5020 Salzburg / Österreich
Tel: 0043 (0) 676 427 34 37
Hildemar.Holl@sbg.ac.at
www.stefan-zweig.com

Impressum

Gestaltung und Herstellung: Atelier Fischer mit Dörte Nielandt, Berlin
Duplex-Reproduktionen: Bildpunkt GmbH, Berlin
Druck: Medialis Offsetdruck GmbH, Berlin
Bindung: Reinhart & Wasser, Berlin
3. Auflage 2018
ISBN: 978-3-937434-25-4